Dirk von Petersdorff
Nimm den langen Weg nach Haus

Die Rechte der Gedichte von S. 17–45 und S. 63 liegen beim S. Fischer Verlag. Sie erscheinen mit freundlicher Genehmigung des S. Fischer Verlages.

©Verlag C.H. Beck oHG, München 2010
Gesetzt im Verlag C. H. Beck aus der Adobe Garamond Pro
Druck und Bindung: GGP Media GmbH, Pößneck
Gedruckt auf säurefreiem, alterungsbeständigem Papier
(hergestellt aus chlorfrei gebleichtem Zellstoff)
Printed in Germany
ISBN 978 3 406 60516 1

www.beck.de

Dirk von Petersdorff

Nimm den langen Weg nach Haus

Gedichte

C. H. Beck

Dezentriert in Delmenhorst

Am Grund der Diskurse ein Fisch, ein
Fisch, der nicht zu fassen ist, es ist
ein Fisch, am Grund der Diskurse
schwimmt ein Fisch, nicht zu fassen,
am Grund ein Fisch, der schwimmt, am
Grund der Diskurse schwimmt ein Fisch,
ein Fisch, der nicht zu fassen ist.

In der Tiefe

sprach ich, ich stand in einem
U-Bahnhof, ich rief mir zu:
EVALUIERE DICH SELBST!
Aber mir fiel nichts ein.

Wie stehe ich denn da?
Außen *Colucci* und innen:
Das obstinate Gemurmel einer
Sprache, das bin ICH.

Lautloses Kommen und Gehen der
Bahnen, eine Tiefe ruft die
andere, dachte ich, das
höret nimmer auf, dieses

Flackern von An- und Abwesenheit.
Ich aber bin ein Mischer,
im Grund meines Herzens
nichts Festes, nichts Festes.

Gewimmel in der Station,
die nur eine Station ist
und keinen atemlos macht.
Ich habe keine Erfahrungen,

den Menschen wollte ich sagen:
ICH HABE KEINE ERFAHRUNGEN.
Ich flottiere doch auch nur
auf einer Signifikantenkette.

Dann kamen drei Neger,
die sprachen kein Deutsch.
Ach, ich bin ermüdet,
zornig eher nicht.

Haltlos sind wir,

früher sagten wir DIE DIALEKTIK, wenn
es Schwierigkeiten gab, jetzt kreisen wir

in Warteschleifen, WOMIT MUSS ICH RECHNEN:
die Frage der Filosofie, wir kreisen,

eine sich reflektierende Reflexion,
eine Mühle ohne Müller,

möchte man sagen, wir treiben,
ohne Grund unter den Füßen,

Surfer auf dem Weltmeer, wir
sind verweht. *Spieglein, geben Sie*

*Gewißheit, rief er aus und
stand in einem Spiegelsaal.*

Tautologisch taumeln wir
weiter. Schaun wir mal,

sagen die Betreuer und die Dichter
sagen: Was weiß der See, wann

der Wind kommt? DER APRIL IST
DER PASSENDE MONAT. Und wir

entdecken die Frau und sagen:
Die Meteorologie ist eine weibliche

Wissenschaft. Ja, wir bessern aus,
wir bessern nach, wir bleiben

kritisch bis utopisch, wir fordern
EINEN RECHTSANSPRUCH AUF
    KINDERGARTENPLÄTZE.

Doch früher war es anders, FRÜHER
WAR DER GEIST SYNTHETISCH, jetzt

schwanken wir, ins Kino und
sehen: ZURÜCK IN DIE ZUKUNFT.

Und murmeln die alten Sätze zuletzt,
müde, müde und umwolkt

und lesen Bloch und schlafen ein.

Solche devotio, solche Bescheidenheit der
Lust, das AMSELKLEID, der BIRKENDUFT.

Ich sitz in Delmenhorst, ich sage: *Tal
ist das Land, das der Höhen bedarf.*

Ich singe: *Es blühn drei Rosen auf einem
Zweig.* Niedersachsen jedenfalls hat

seinen Namen ganz zurecht. (Hat
Novalis die Frauen hybridisiert?

Wer das sagen könnte.) Birken sind die
langweiligsten Bäume des Universums.

Ich sitz in Delmenhorst, DIE HÄHNIN
kräht. (Der Siege göttlichster ist das

Vergeben.) Ich führ das Leben eines
Kandidaten und weiß doch nicht

woraufhin? Ich bin gesetzt, ich
sitze dezentriert in Delmenhorst.

Parzival

vorm Kleiderschrank, EIN NEUES KOSTÜM!
ist wie eine gelungene Inversion, *Marken-*
artikel halten länger (Bachtin), drum
raus mit dem Plunder. Aber die

Un-ordnung. Und all die Shawls.
Das intelligible Subjekt droht in
derartigen Faltenwürfen unterzugehen,
Strümpfe sehen mich an, Mutter,

wo sind die Farben dieses Herbstes, wer
trägt *Allegri* (was ich hier ganz
affirmativ zitiere), ICH WILL EINE
FRAU SEIN MICH DREIMAL AM TAG

UMZIEHEN bis auf die Haut.
VIELES IST IN DER WÄSCHE.
Indessen steh ich im
Anzug, bin ich in Schale

geworfen. Ein jeder spricht in
den eigenen Schrank, ein *jeder*
muß einen Binder tragen. Sehen,
was paßt: also BLACK und Pink.

Am Rande

Alles fließt, sagte Hegels Tante. Das Haus
erbte sie von ihrem Vater.
Ein Leben am Herd. Rosmarin und Salbei.
Jeden Dienstag Eier holen.
Mit 37 brach sie sich das
Schlüsselbein. Sie pflegte
Gerüchte, doch fand sie die Leute
ernst und alt. Hin und
wieder Himbeergeist des Abends. Es scheiden
und kehren im Herzen die Adern,
sagte die Tante, die sanftmütig war,
weiße Hände sorgsam pflegte.

10. Stock,

klimatisiertes Hochhaus, Tenne der Sterblichen.
Cool bleiben, lachte, höchstens 19,
meine Führerin, schwach ich, als
wir einen Schwarm von Sekretärinnen
passierten, geschminkt, mänadisch, zappelnde
Münder
    was soll das Theater?
ihre Gedanken
    wir rufen zurück
entstehen beim Reden
    alles wie immer
nebenbei essen sie Donuts u.
warten auf die Existenz; dazu
die Musik: *Alles ist gut,* singt
Madonna, sie will in den Ätna springen;
und vor den Fenstern rasender
Wolkenzug, tiefgrau, dann Stürze
von Helligkeiten im Großraumbüro,
Lichtflecken, auf einem Schirm Gesichte,
Fax-Surren, ewig – okay, okay,
es gibt zahlreiche Fegefeuer, es gibt
Fernsehen nach dem Tod des Moderators,
wenn ich wenigstens, bitte, den Schlüssel,
den Code, was den Laden
im Innersten – sie lachte.

Embleme für flüchtige Zeiten

Bert telefoniert mit einer Banane

Da Bert in die Banane spricht
– Hallo! Hallo! Hier! –,
lehnt Ernie, dieses Mondgesicht,
kichernd, schnarrend in der Tür.

Nun wird das Bild erklärt:
Der alte Glaube, das ist Bert,
ruft und redet, niemand hört.
Im Rücken das Lachen.

Die Garagen im Hof

So, wie der Wind übers Dach wischt –
sprenkelt die Pfützen, hell,
plustert die Amsel,
schnell –

der Himmel, mein Herz, er ist
klar – leer wie die Stelle,
wo eben die Amsel
noch war.

A 7, Kasseler Berge

Nimm eine schwarze Nacht und sieh –
da ist ein schwereloser Bogen,
ein heller Strom aus Energie
durch die Finsternis gezogen.

Kennst du es noch, das alte Lied –
ein kaltes Schwinden ist die Welt,
von jeder Stätte müßt ihr fliehn,
jedes Menschen-Licht, es fällt.

Im Museum der Geschichte

Ein Glaskasten im Licht,
darin ein grauer Stein,
der an den Rändern bricht;
und also fällt mir ein,

wie ich versunken saß,
am Küchentisch in Kiel,
als die Meldung kam,
als die Mauer fiel.

Auf dem Brocken

stand ein Mädchen, hielt ein Handy:
»Oma, wir sind oben«,
Städte, Felder undsoweiter
rundherum verwoben.

Da gibt es etwas, eine Kraft,
die keine Mauern mag;
leichter auch die Worte, als
die Weite unten lag.

Wimbledon 1997

Das ist das Ende! Da geht er, geschlagen.
Siege und Ruhm sind lange verhallt.
Jung war das Licht, und geballt
in den pochenden Tagen –

ein endloser Sommer – ihr Atem zerrann,
flatterte, stieg, eine keuchende Weise
vom Glück. Sie lächelte leise,
als Becker gewann.

Tablette im Wasserglas

Sie sinkt und perlt, von Blasen ganz
besetzt, und sprudelt stark, bewegt
das Wasser, schäumend weiß, ein Tanz –
bis sie zerfällt, der Sturm sich legt.

Chemie, die jeder kennt:
Das Wasser ist die Welt,
die Tablette aber nennt,
wie es euch gefällt.

Ernst Jünger im Garten

Dort – mitten auf dem Rasen,
still – er ist allein,
seht – er pustet Seifenblasen
in die Nacht hinein.

Das Jahrhundert wird ein Kind
und kennt sich kaum,
an den Fingern rinnt
klebriger Schaum.

Gewissheit

Das kennst du doch auch, wenn ein Huhn
über den Hof rast und kippt fast,
es rudert, das Huhn hat es eilig,
es weiß schon wohin, das Huhn.

Sicher, man ist sich ganz sicher,
hat Ziele und eilt von nun an
mit leichteren Schritten, verwandelt,
so sicher – das kennst du doch auch.

Flippern

Jammer! Hell! Schreck und Pein!
Zucken! Klacken! Abgrund nein!
Ach vergeh! Bumper! Drall!
Leuchten! Yes! Neuer Ball!

Aber sicher, man soll planen,
man kann zielen und muss ahnen –
Lichterfluss, schneller Tanz,
ach wer weiß, Angst und Glanz.

Lübeck 1942

Manchmal, sagst du, für einen Moment
ist es da, es ist der Geruch, nur ein Hauch –
in den Gärten verbrennt
einer Müll, da ist Rauch

in der Luft: Aus Fenstern jagen
Flammen, du bist das Kind
vor den Mauern, zerschlagen.
Auf Steinen flackert der Wind.

Warmes Wasser

Das Bedürfnis zu duschen, mehrmals
am Tag, voller Verbrauch,
dass es läuft, dass es strömt
aus dem dampfenden Schlauch

gegen Unglück und Schweiß, aber auch
damit etwas sich löst,
denn da sitzt eine Kälte,
ganz innen, die niemand versteht.

Raucherecke

Raucherecke

Ihr Langen, wo seid ihr? Ich hab
nicht mal mehr eure Nummern.
Gibt es denn Besseres als am Morgen
eine Schar,
eng zusammen,
frierend;
ich glaube, wir froren fast immer.
Damals sprach keiner zu viel,
sondern stand, den Rücken zur Welt,
in Mänteln aus Stoff,
ihr Dünnen.
Nur der verhangene Blick
sieht tief, kennt sein Schicksal,
das traurige Pochen
ferner Hügel,
sieht freudig erschreckt
sich am seligen Busen erwachen.
Wie ihr den Rauch
ausstoßen konntet,
ihr Edlen, ach,
alles war gut, als ich mit euch
sah sich röten den Tag, viertel vor acht.

Dianas Frage

Dem Troß von Astrologen, Hellsehern,
Kartenlesern entkommen, den Stimmen
der Toten, der Konkurrentin
      Camilla Parker-Bowles
entwischt,
         verschlagen
nach Washington,
irgendeine Dachterrasse,
irgendeine Party –
die Prinzessin von Wales,
   von der Rolle,
    leer,
    total ab,
wie einst Valentinus
am kühlen Morgen des Denkens
– Wer waren wir? Was sind wir geworden? Wo
  waren wir? Wohin sind wir
  geworfen? Wohin
   eilen wir...
          jetzt
die Prinzessin
        absolut göttlich!
schwüle Nacht,
Tablettenmond,
ihre jederzeit
kippende Stimme öffnet den Kreis:
  Could you possibly tell me,
      what l can do with
  my bloody life?

Klage

Wir haben keine Lieder.
Unsre Dichter reden rum.
Hören Sie Eichendorff und
Müller, die sangen

von Sehnsucht bzw. ungestilltem
Verlangen. Brentano sang: oh
Kleid, oh Zeit, wir haben keine
Lieder. Kooperative Menschen haben

herrschaftsfreie Lieder, wir haben
keine Lieder. Frauen und
Männer verrichten stumm
die Arbeiten im Haushalt. Und

ihre Lippen werden spröde.
Heine machte Lieder, Uhland,
akzeptabel, ach, zartbitter:
Theodor Storm. Lieder, immer

wieder Lieder, hört
Bertolt Brecht: er krächzt, doch
wir! Wir haben keine Lieder,
unsre Dichter reden rum.

Ich war mit Karl am Rhein

und stand, wo ich sonst
stand. Der Freund und ich.
Tief unter uns floß
der Rhein. Wie ein Bild:

Zwei Männer stehen
am Rhein. Der Fluß nimmt
seinen Lauf. Wir aber
standen und sahen

zum Rhein. Der fließt und floß,
wird fließen einst. Es ist
in diesem Land ein Fluß, an
dem die Männer stehen. Doch

waren wir ganz klein. So daß,
wer von ferne kam, nur
zwei Männer erkannte. Wir standen,
unten floß glitzernd der Rhein.

Orte

Autobahn, Flughafen, Hotel. Und besonders
ein Zimmer im Londoner *Hilton*. Einzig

der Fernseher leuchtet. Wenn ein
Reisender, Antike-Tagung,

auf einem Hotelbett liegt und
durch die Programme gleitet

bis das Reelle seine Gestalt verliert,
blaue Reiter in allen Sendern,

das Fernsehen abstrakt wird,
von Hügel zu Hügel träumt –

beginnt der Geist zu taumeln,
wie die Panther, die den Wagen

des Dionysos zogen. Wenn
in einem schwarzen Hotelzimmer alles

rings umher zunichte wird, so
ist es das, was ich brauche –

vollkommene Zerstreuung.
(Sieh die Sterne! Kannst Du sie zählen?

So wurde das Lebende zerstreut.)
Das Lebende wirrt sich in die Nacht,

Nacht, Einflugschneise für die
uralte Verwirrung, die uns weltweit

verbindet. Hörst Du? Ein
Rauschen, Hintergrund-

rauschen des Weltalls, vom Anfang
her hallt ein Echo nach. Wir aber

haben schlechte Ohren. Auch
das nächtliche Flattern der Lider

verstehen wir nicht als ein Zeichen –
wofür, was sind das für Orte, an denen

kein Mensch bleibt,
was er war, bevor er

startete – krumme
Linie, *Lifeline,* Lebensring, unendliche

Fahrt? Ich soll mich verlieren.
Ich soll mich wiederfinden.

Schwarzes Fenster. Ein Punkt
zieht leuchtend über den Nachtschirm.

Londoner Ortszeit, 23.30 Uhr.

Der Sinn des Mont Blanc

Leute, die jetzt Gedichte lesen,
werden kein Grab mehr haben,

sondern einen Quadratmeter Rasen,
der nach 20 Jahren umgepflügt wird.

Was suchen die Wanderer?
Im Sommer, über das Massiv verstreut,

das sich, Magnet, aus
dem Land erhebt. In der Winterstarre,

wenn die Träume schwach sind
und wie Nebelmenschen

eine Hand erheben. Schatten,
die ein Feld passieren,

wo das Schneefeld rot wird
und die Flocken glühen,

wo die Menschen aufhören.
Wanderer – mein ewiger Romantik-

Film-ihr-naht-euch-wieder
wie ein Schwarm

von Ideen aufsteigt, den Gipfel
umkreist. Denn die Kraft

des Berges wirkt im Denken fort.
Im Tal von Chamonix sah ich

Ameisen am Berg,
Suchende, OUT-

DOOR-EXPERTEN, auf einer
Himmelfahrt, ohne Kompaß,

Code, denn alles
Glück ist Gnade dort,

wo der Berg ragt und
die Sprache dünn wird,

wie an Mr. Shelley zu studieren ist.
Er war ein glorreiches Phantom

in der Geschichte
und besang diesen Berg,

das Massiv Erinnerung.
Leute, die jetzt Gedichte lesen,

haben 5 Minuten Zeit
für eine Seite,

aber das reicht vollkommen.

Die Zukunft beginnt

wie auf Raffaels *Madonna:*
Am unteren Bildrand lehnen
die Engel – nächste Generation.
Die müssen fast gähnen,

der Zauber ist alt,
ein Lächeln wächst
auf den Lippen, und bald –
was wissen die Engel?

Den Kopf in der Hand,
schon nicht mehr ganz da
am unteren Rand
ein trostreiches Paar.

Quedlinburg

Der Gasthof auf der Burg ist zu empfehlen
mit saurem Saale-Wein, mit Schwalbenflug,
denn diese Flügelwesen spielen ewig:
gewinnen Höhe nur, um schön zu fallen,
zur Seite sausen sie, um stark zu wenden
mit kurzen Lauten, die den Flug begleiten.
Das Mädchen mit dem Wein, das wiederkommt,
heißt »Mandy Ziesenhenne«, wilder Klang.

Oh Vollgas über Dächern, tausend Firsten,
die bucklig laufen, Grünspan, braun, orange –
genauso muss der Geist den Flug trainieren,
die Richtung soll er wechseln, gut gelüftet,
geschmeidig über vielen Giebeln zwitschern
und scherzen, wenn er aus dem Himmel fällt,
so dachte ich und fand: Der Saale-Wein
gewinnt erheblich nach dem dritten Glas.

Der Berg ist schwer; in Schichten liegt die Zeit:
Ein König spielte hier mit seinem Hund,
mit Quedel, in den Gassen vor der Burg,
da war die Stadt noch jung, mit ersten Säulen
im Morgenlicht, so Mädchen schlank und weiß.
Und später kamen schwarze Uniformen
und brachten Steine, »deutsche Steine« mit,
marschierten auf, bis sich der Geist verzog.

Doch jetzt ist Tag, und alle Fesseln sind
gefallen, wie man sieht, und ausgestreut
sind Schwalben-Seelen, die sich sehr vergnügen,
und sagenhaft gelingt da mancher Loop –
so wie man scherzt und wird doch nicht zum Scherz,
weil unterm Himmel aller Ernst vergeht,
das finde ich und möchte bitte sagen:
Der Gasthof auf der Burg ist zu empfehlen.

Bierlied mit Benn

»Ich bin nichts Offizielles,
ich bin ein kleines Helles« –
ein Helles soll man zischen,
logisch, zum Erfrischen.

Wer hip ist, muss sich spreizen,
ich bin ein großes Weizen;
ein Weizen dient zum Kühlen
von schwierigen Gefühlen.

Die Szene lässt mich kalt,
ich bin ein herbes Alt;
ein Alt, das muss man merken,
im Herben hat es Stärken.

Why should I dance to rock?
Ich bin ein stilles Bock;
ein Bock muss langsam fließen,
um es zu genießen.

Die Wahrheit ist aus Filz,
ich bin ein echtes Pils;
das Pils will euch nichts sagen,
stellt auch keine Fragen,

zum Beispiel nach dem Sinn,
sondern schäumt dahin;
ich bin nichts Offizielles,
ich bin ein kleines Helles.

P.S.
Komm lass dich nicht verheizen,
ich bin ein Hefe-Weizen
und immer noch im Kommen;
hat man mich vernommen?

Die Vierzigjährigen

Alter Freund, alte Freundin

Das Leben ging so leicht wie Rennradfahren
im weißen Flatterhemd zum Ostseestrand,
als wir noch straff und voller Zukunft waren,
rieb ich auf deinen Rücken Creme und Sand.
Der Salzgeruch vom Meer, das war die Frühe,
man tat so viele Dinge ohne Grund –
jetzt ist in deinem Lächeln manchmal Mühe,
und bitte kauf dir keinen Schäferhund.
Die vollen Lippen waren nur geliehen,
es geht nicht darum, Süße, sich zu halten,
in Jahren, die wie Ostseewolken ziehen,
sind wir Modelle, die nun sanft veralten:
       Ich seufze plötzlich auf im Sommerwind,
       und du brauchst einen Mann, du willst ein Kind.

Glaspassagen

Wenn du dich spiegelst in den Glaspassagen
und denkst: Wo komme ich denn bitte vor? –
dein Mann ist nett, er schenkt dir zehn Massagen,
und seit dem Winter singst du gern im Chor.
Das Lob läuft leider durch ein Sieb wie Tee,
dann wühlt der Neid im Garten neue Hügel,
an manchen Tagen tut das Glück auch weh,
doch in dem grünen Kleid bekommst du Flügel.
Die erste Liebe ließ dich gestern grüßen,
und alle bauen so fragile Reiche,
der Boden wandert unter unsren Füßen,
doch deine Haut ist noch die helle, weiche.
      Was führt dich vorwärts, rückwärts durch die Zeiten,
      so kühl, wie Stare durch den Himmel gleiten.

Man trifft sich im Flur

Mein Sohn trägt gelbe Shirts mit Zackenschrift,
wo Ritter ihre Laserschwerter heben
und eine Schlange einen Panther trifft –
das ist für mich vorbei in diesem Leben.
Doch bin ich im Besitz von frühen Siegen
als Fahrradfahrer, der dem Glück erlag,
denn sie, oh Gott, ist hinten aufgestiegen,
fasst meine Hüfte an, Elektroschlag.
Das steht dem Jungen alles noch bevor:
das feine, ungewisse Zukunfts-Brennen,
die heiße Röte bis hinauf zum Ohr
und Ungeduld, der Puls will immer rennen.
      Der Mann macht langsam die Krawatte frei,
      der Junge schiebt sein Mountainbike vorbei.

Sonntagabend

Die Töchter übern Gartenzaun gereicht,
dann fährst du ab und sagst zum Motor: «zieh» –
durch dieses dunkle Land treibt man so leicht
zum Rhein, die tausend Lichter der Chemie.
Wer hat dich von den Küsten wegentführt,
wo Frühling durchs geklappte Fenster roch,
wo man beim Barfußtanzen Gräser spürt,
und Billardkugeln rumpeln tief ins Loch?
Und denkst du schon, das Leben ist zerschnitten
vom Schicksal, den Hormonen, von der Parze,
so unbemerkt von Lust zur Angst geglitten,
denn von den Billardkugeln fiel die schwarze,
      dann sind die tausend Sterne der Chemie
      ein Rätselbild, und das verstehst du nie.

Früher am Meer

Statt «Spieglein, Spieglein an der Wand» zu sagen,
«noch heute Abend werde ich entdeckt» –
die Götter, die auf Meeresfelsen lagen,
im Wellenschlackern wirst du ein Subjekt.
Statt «bin ich wichtig, werde ich erwähnt?»
und Suchmaschinen auf sich selber jagen –
die Venus, die sich nach dem Schwimmen dehnt,
und weiter hat der Himmel keine Fragen.
Statt dieses gut sortierte Ich zu pflegen,
denn man besitzt doch eine Position –
kam aus dem warmen Nichts Gewitterregen,
erst tropfte und dann dampfte die Region.
      Im Liebeszittern rappte Helena:
        «Ich bin mir fern und doch so nah, so nah.»

Freitagabend

Wohin mit diesem halb gefüllten Leben,
du bist noch immer herrlich dekolletiert
und kannst dir alles, Lady, selber geben,
nur dass man langsam doch den Druck verliert.
Am Freitagabend isst du gern Garnelen,
auf deinen unzerkratzten Ledersesseln
denkst du sehr lange an die armen Seelen,
die sich mit blöden, lauten Kindern fesseln.
Du schreibst auf Zettel, wer dich wohl vermisst
aus vielen hellen, glückzerzausten Jahren,
oh weh, dein neuer Freund, der Galerist,
will an der Elbe mit dir Rollschuh fahren,
      und dann fühlst du beim Cremen des Gesichts
      dich wie ein Stein, der fällt und fällt ins Nichts.

Morgens durch die Stadt

Du radelst leicht mit deinem Sohn im Sitz
und denkst: Lass ich mir bald die Nase glätten?,
und wetterleuchtet irgendwo ein Blitz,
erscheinen dir die frühen Liebesstätten.
Du hast es so gemocht, dies Blätterstrudeln,
so weiterfahren aus der Welt hinaus
mit Müdigkeit, in der Gedanken sprudeln,
dein Sohn ruft hinten plötzlich: «Aus die Maus.»
Denn früher wars ein Gleiten, wunderbar,
jetzt hörst du diesen deutschen Pop mit Wehmut
und drehst Figuren in dein weiches Haar
und schneidest auch dein Vollkornbrot mit Demut.
      Denn ob du richtigliegst, kannst du nicht wissen,
      nach Träumen riecht am Morgen oft das Kissen.

Verjüngung

My dear, du bist am Morgen schon erschlafft
und denkst an Abend, Wellness, Pflege, Schonung,
dagegen schießt dein Sohn mit schöner Kraft
die Tennisbälle durch die Altbauwohnung.
Du musst nicht mehr die jungen Hosen tragen,
orange und lässig schlackernd überm Knie,
wenn sie ein andrer trägt in hellen Tagen,
in seinem Kopf wohnt auch die Phantasie.
Nur seine Nasenflügel können beben,
weil sie die großen Zukunftswiesen wittern –
du siehst erstaunt zurück ins volle Leben
und hältst die Kaffeetasse schon mit Zittern.
    Bestätigt: Energie geht nicht verloren,
    erstaunlich: Diesen Schwung hast du geboren.

Wintertrost

Die Zeit, in der die Krähen heiser werden,
ab Mittag wird es enger für das Licht,
da liegt die alte Decke mit den Pferden,
denn deine Fenster waren niemals dicht.
Du wühlst in deiner Dokumentenmappe,
«Gott hat uns nicht den Geist der Furcht gegeben»,
dein Taufspruch, du befühlst die weiche Pappe
und hast nur dieses einzig schmale Leben.
Jetzt steht der Himmel einen Lichtspalt offen,
das Graue löst sich auf, es muss so sein,
und immer wieder schneidet auch ein Hoffen
in dein Gewebe leicht und tief sich ein.
      Ich weiß, am Winteranfang ziehn die Wunden,
      so heftig bist du mit der Welt verbunden.

1989 ff.

Die Oberförster plötzlich ohne Land,
erzählten Märchen in das Mikrofon,
mit schnellen Herzen lagen wir am Strand,
und was man träumte, das passierte schon.
Da hielt Elektropop die Welt zusammen,
da drehte sich ein Kind im Kreis, im Kreis,
als Wolkenschatten über Länder schwammen,
und keiner, der die Hauptstadt Lettlands weiß.
Denn damals lernten die Propheten lächeln,
so viele Fransen hingen aus der Jeans,
der Abendwind bereit zum Haarefächeln,
und weiches Wasser bricht den Stein, so schiens.
    Wie fallen Mauern um: mit Leichtigkeit,
    und wann wird das geschehen: jederzeit.

Zu Besuch

Ich höre dich mit deinen Kindern beten,
du warst die Königin der Räucherkerzen
und später Hardrockfee auf Kellerfeten,
nun musst du sicher deine Haare schwärzen.
Am Abend schaust du so wie früher weich
und leicht gerötet, Ostseeblick in Fernen,
so kommt man nie in den Geschäftsbereich
mit Sterntattoo statt lebenslangem Lernen.
Wir reden, wie es auf die Dächer schneit,
mit manchen Pausen durch dein Weineinschenken
von AC/DC und Gelassenheit,
denn Rückenrieseln ist das wahre Denken.
     Was heißt Erfolg, du bist bei dir geblieben,
     und die Gebete hast du selbst geschrieben.

Zweifel im Mai

Weil ich den Kirschbaum, der sich weiß entblättert,
so mag, bin ich doch kein Romantiksohn –
Metallic-Käfer, der geduldig klettert,
nur irgendeine alte Mutation?
Wie geht das rein empirisch denn zusammen,
ist diese Erde nur ein einsam blauer Spot –
als wir in Richtung Abendsonne schwammen,
da spürte ich im kleinen Finger Gott.
Ein warmer Wind und schon bin ich der Hoffer,
im nassen Grasgeruch der große Plan –
die letzten Spinner packen ihre Koffer,
mein Schulfreund ist versetzt nach Kasachstan.
      Ich sitze mit den Spöttern an den Tischen
      und rauche Wehmut mit den Träumerischen.

Sommerspiele

Falter

Vor einer Kirche, roher Stein,
seitab, wo wir

im Schatten einer Feige saßen:
Weiße Kleinigkeit,

hatte nichts zu tun,
blieb im Hof.

Die Kirche war verschlossen,
Kirchlein eher. Er flog

da im Quadrat, blieb, zum Glück,
vor der Mauer,

Feldstein, klein und groß,
wo wir im Schatten Trauben aßen.

Flapp, schwang sich hoch,
sah sich um, blieb

vor einer Kirche,
roher Stein, weitab.

Liebesanfang

Die Sonne auf dem grünen Teppich,
die weißen Flügelfenster offen,
der Sommer lang wie ihre Beine,
und abgeschaltet war das Hoffen.

Denn überall nur Gegenwart,
die Wände aber viel zu dünn,
die Vögel schrien froh im Hof,
und Liebe war der Liebe Sinn.

Ich war den ganzen Tag gespannt
so wie ein guter glatter Bauch,
bis Hamburg kamen die Zikaden,
und ferngesteuert war ich auch.

Von Freiheit leider keine Spur,
«gib Urlaub mir von deinem Leib»,
hab ich gefleht wie starke Ritter
und sagte dann wie sie: «Ich bleib.»

Dein helles Haar war weit zu sehn,
und manche fragten: «Ist das echt?»,
was man bei Engeln niemals fragt,
sie landen und sie haben recht.

Wir mussten schon beim Frühstück lachen,
wir strichen dann die Wände an
und kochten einen Eimer Pudding,
zum Leben sagte ich: «Ich kann.»

Ich weiß es doch, dein Shirt war grün
und blau mit irgendwelchen Ranken,
Lianen auch, das war die Welt,
in der wir sommertief versanken.

Nach der Liebe

Du auf dem Balkon, ich seh dir zu,
so selig-matt,
weil alles
sich geändert hat.
Langes T-Shirt,
das am Schenkel fällt,
wo die Haut beginnt,
ist die Welt.
Sanfte Triebe,
ich lieg da und rauch –
Licht in der Halsmulde,
das ist es auch.
Und ich seh
Faserwolken treiben,
out of the blue,
alles kann bleiben.
Du auf dem Balkon,
Rauch in der Schwebe –
Puls flattert nach,
hier wo ich lebe.

Sommerspiele

Wohin hat sie geguckt,
ich darf mich nicht bewegen
am Tag, wo alles juckt
im warmen Sommerregen,

ihr weißes Achselhemd
so nah und nicht zu greifen,
und meine Hand mir fremd,
ach Badeanzugstreifen,

da war ich ein Gezitter,
roch Holz im Regen gut,
gab jeden Tag Gewitter
und strömte absolut –

wer kann denn das begreifen,
es kam ja dieser Typ
mit hohen dicken Reifen
an seinem roten Jeep,

ich saß an langen Tagen
allein am grauen See,
ich wusste, wo sie lagen,
und rupfte immer Klee.

Lass rauschen, Lieb, lass rauschen

Lass rauschen, Lieb, lass rauschen,
am Ende klappt die Tür,
ich hör ein Mädchen sagen,
es liegt doch nicht an dir.

Und einer kriegt den Wecker
und jammert wie ein Hund,
ich hör die Brandung gehen,
hat doch gebrannt dein Mund.

Lass rauschen, Lieb, lass rauschen
ein Fahrrad durch die Nacht,
wo ist das rote Nachthemd,
das hast du mitgebracht.

Denn einer will noch reden,
vielleicht ging es zu schnell,
ich hör die Autos rauschen,
es wird schon wieder hell.

Die Liebe ist verheult
und kaut am Morgen Toast,
ich hör ein Mädchen schreien,
ich will jetzt keinen Trost.

Ganz von selbst

Man konnte es einfach wie die Möwe, die ihr Brot im Flug fängt,
und plötzlich war Schnee in der Aprilsonne, wir kamen
durch den Vorhang, damals, als man die Zukunft
riechen, einziehen konnte, die Wunder geschahen
wie auf alten Bildern in der eigenen Stadt,
da konnte der Blinde sehen, da sah ich durch die Achselhöhle
eine lebendige Frucht, ragte in die Welt, irgendwie schwebend,
dass es so etwas Schönes gab, wusste ich nicht,
als man von einem Licht
ins nächste ging, und überall Abzweigungen, damals, Waldwege,
webende Blätterdurchgänge, man sah nicht
um die Ecke, dann kamen endlose Horizontstraßen,
auf denen wir fuhren, die Scheiben immer heruntergekurbelt,
immer Pulsmusik, «Sorge», «Scheitern», «Last»
standen nur im Vokabelheft, und am Ende des Radweges
Dunst, in den ich fuhr, damals, da war man der Ritter,
der morgens der Dame noch einmal die Kraft bewies,
oder der Surfer, der die Meereshaut liebte,
keine Zeit zum Essen, keine Lust zum Rasieren,
die Schwerkraft hatte uns noch nicht besiegt, das war so
wie der Moment, wenn der Rauch aus dem Tal kerzengerade
in den Himmel sickert, dünne Rauchschnur, Abendrot,
Farben des Allvaters, logisch, da schlenderte man in der Wahrheit,
«berührt – geführt» war das Gesetz, damals, wir
waren wie Wind und Schilf, lagen unterm Baum,
sahen ins Blätterhaus hoch, deine Augen gerade entdeckte Seen,
damals, als man schon grundlos aufgeregt aufwachte, das war so
wie der Moment, wenn das erste Zugvögel-V am Himmel erscheint,
Himmel durchatmet, damals, da stimmte das Tempo, man fiel
in den Schritt, ich hatte Turnschuhe mit Luftkissen,

ich hatte das Drachenblutvollbad, fiese Schläge
prallten ab, ich bemerkte die gar nicht,
als das nasse Holz von der Sonne aufgebracht
Tropfen schoss, als man das Paddel im Wasser
durchzog, hob und abperlen ließ, wieder einstach,
denn wir wollten voran, wollten höher, waren hoffende Ranken,
logisch, die kleine Zündung genügte, man sah,
in einem Augenblick war das Universum ein Gigant,
aber trotzdem blieb man natürlich ganz gelassen, die Parole
«na und», die stimmte, damals, am Anfang, in der Früh.

Der alte rote Golf

Motorbremse, hör auf, donner mir nicht ins Mark,
Nachtfahrt, Brenner hinab, Göttin der Freude kam
aus den Boxen gesäuselt,
warme Hoffnung durchs Schiebedach.

Hattest 60 PS, warst auch kein Volvo, doch
Schwalben spielten um dich hell an der Adria,
Haut aus Salz auf dem Kühler
wie in Annabells Nacken Salz.

Dieses frühe Gebiet haben wir ganz geteilt:
Kopf ans Lenkrad gelehnt, Schluchzen im Nebensitz
auf dem Parkplatz der Trennung –
weiter, Wolkengetürm voraus.

Paar Zylinderkopfdichtungen hab ich noch,
dein Kassettengerät aber ist lange stumm,
wir in Kästen aus Arbeit
plötzlich lächelnd weit weg mit dir.

Naxos

Wenn die Truhe mit Bier rumpelt und heftig surrt,
wenn ich müde und wach raschelndes Schilf belausch,
ist August schon so lange,
nagt an Felsen das Meer, das Meer.

Unter Dächern aus Stroh, manchmal gebauscht vom Wind,
alles selig egal, aber die schöne Frau
liegt zur Hälfte im Wasser,
bronzefarben, erhört uns nicht.

Lampenladen der Nacht über dem Kopf wie nie,
innen pumpte es heiß, kühler Nordostwind kam,
dass wir schwitzten und froren,
Party, großes Zugleich am Meer.

Morgenfähre, warum liegt sie im Wasser schräg –
wichtig waren wir nicht, reden und schwimmen reicht,
wenn die Beine so zittern,
wenn das Hemd an den Rippen weht.

Durch den Süden

Die wir in mittagsleeren Städten dösten,
genährt von kaltem Huhn am Straßenrand,
im Kopf Madonnen, die uns nie erlösten –
wir waren jung und zweifellos brillant.

Wir hoben kühlen Wein zum Firmament –
die Wahrheit trug nur stark zerfranste Hosen
in schauderstarken Jahren, die ihr kennt,
aus Angstlust und aus Raviolidosen.

Wo ist der Schmerz, wenn in der Nacht beim Campen
der scharfe Hering dir den Knöchel schlitzt –
die Trauer, wenn beim Küstenstraßentrampen
es draußen immer wieder leise blitzt?

Die Herzfrequenz ein Meeresfels, gezackt,
wir hatten im Gepäck den großen Segen,
so fraglos, wie man einen Eisblock hackt,
um in die Trümmer Dosenbier zu legen.

Der Schlafsack rollte sich von selber aus,
das Leben lag vor uns im Konjunktiv,
was den beruhigte, der im Meergebraus
am Ende einer langen Nachtfahrt schlief.

Wenn wir uns nicht getroffen hätten,

dann wär in allen Farben fahles Grau,
die junge Eiche eben voll mit Blättern
und nicht mit dunkelgelben Spitzen, wow,
die eilig in den tiefen Himmel klettern.

In blauer Luft September würde ich
von Ärgernissen ohne Ende sprechen,
statt mich ins Gras zu legen neben dich,
wenn hohe Wolkentürme weiß zerbrechen.

Ich wüsste nicht genau, was ich hier soll
in diesem langen abgesteckten Rennen,
was wär an einem Freitagseinkauf toll,
und deine Seufzer würde ich nicht kennen.

Die Lebenskurve würde immer kriechen
ganz ohne süße, wilde, steile Zacken,
jetzt kann ich Puls um Puls die Herbstluft riechen,
wenn Eicheln auf der Morgenstraße klacken.

Jetzt muss ich nicht mehr auf die Fehler starren,
gezogen hat die Liebe mir den Neid –
du kommst, ich hör die Treppe unten knarren,
und gleich wird diese kleine Wohnung weit.

Alles am Morgen

Blauspitzen durch den Nebel,
die Sonne hat es geschafft,
ein Fräulein gibt ihrem Lover
einen frisch gepressten Saft.

Die Dachdecker unter dem Himmel
werfen sich Ziegel zu,
du suchst aus dem Schrank
für heute das blaue Dessous.

Frida und Klaus, nun beide Buddhisten,
starten den Tag mit Singen;
ich möcht dich im Bade
noch einmal umschlingen.

Die Kinder brauchen Kastanien,
um acht ist Akupunktur,
die Schnecke an der Mauer
hinterlässt eine Spur.

Es gibt keinen Himmel ohne Flugzeug,
es gibt Tage, da schwimmt man im Licht,
aber eigentlich meine ich nur
dein eben erwachtes Gesicht.

Pflaumenfall

Das Liegen in der Wiese, Warten auf den nächsten
Pflaumenfall, September, völlig blaues Radar –
wie auch das Knarren der Flurtreppe unten,
Abwerfen der Lederjacke
und später mit weichen Beinen durch die Nacht
der leuchtenden Tankstelle entgegen,
wir hatten ja Durst,
und Lächeln, das in Wände eindringt,
jeder kann auf dem Wasser gehen –
aber auch Zittern bis ins letzte Chromosom
und das Bild «Venus entsteigt der Duschkabine»,
Sommerregen in der Seele, überhaupt
Götter, Düfte, Neuronenschüsse,
auch das Flüstern
bei leichter Berührung des Ohres
durch die Lippen, das alles
verdanke ich dir,
und wenn es wach wird wie jetzt,
laufe ich wieder so unruhig umher,
so ratlos und schwach,
so seltsam stolz.

Nimm den langen Weg nach Haus

**Nach dem Lesen in Petrarcas Briefen
Ostersamstag 2004**

Was ich suche? – Ruhe. – Was ich erhoffe? – Keine Ruhe. –
Wohin ich ziehe? – Hin und her. – Mit welchem Herzen? –
Schnell und traurig, langsam, froh. Gibt etwas,
schlägt den Takt, macht den Schritt. –
Mein Antlitz? – Faltet sich.
Ich hänge in der Luft
so wie auf Bildern aus dem Mittelalter
die Füße keinen Boden haben, schweben,
Zehen in der Luft: So geh ich morgens schon ins Bad.
War früher stolz auf diesen Schlender-, Kurvengang –
oh Drive der frühen Jahre,
sang bei Großraum-Wettbewerben:
«Das Schönste im Leben ist die Freiheit» –
Roy Black und Anita. (Ja, ich war Anita).
Jetzt, Jeans auf den Hüftknochen,
sage ich: «Die Freiheit ist eine Tür. Wo ist das Haus?» –
solche Sätze kommen mir nun ständig.
«Ah, die Feier der Kontingenzspielräume
kriecht zu Kreuze», höre ich Jürgen Habermas sagen,
der selber grad zu Kreuze kriecht.
Ja, ich höre Stimmen. Alles ist im Angebot:
«Sie können fließende Wände bekommen – Sie können
eine feste Burg bekommen – möchten Sie einen Altar?»
Schwebende Füße bekam ich, sitz in meinem Garten
wie Petrarca, pflanze eine Kiste Männertreu
zur Beruhigung, frage laut, dass die Nachbarin
aus dem Geländewagen äugt: «Wo ist der Weg zum Leben?»
Ich zog den Sack der Trauer aus,
den Selbstmitleid-, den Sorgensack,

zog mich um und steh, angezogen wie ein Vogel,
mit buntem Zeug, das an der Schulter rutscht.
Was ich suche? – Ruhe. – Was ich erhoffe? – Keine Ruhe. –
Wohin ich ziehe? – Hin und her. – Mit welchem Herzen? –
Schnell und traurig, langsam, froh. Gibt etwas,
schlägt den Takt, macht den Schritt.
Ich rupf in meinem Garten, seh,
was aus der Erde dringt, was wiederkommt,
was nicht, und hör den Stimmen zu,
abgemischt mit Krähen-Rufen
aus der Himmels-Pappel gegenüber.
Drinnen im Haus telefoniert meine Frau
mit Freundinnen, am Boden. «Wenn ER zerbricht,
so hilft kein Bauen», steht geschrieben,
wer ist ER? Ist ER der Regen, der die Erde wärmt,
den Boden öffnet, süß und herb?
Die Wolkenfront im Rücken?
Bei meinen Freunden schlagen Blitze ein,
die stehn verkohlt wie Comic-Menschen
nach dem Brand, schwarz rasiert, nur Stoppeln noch.
Ich weiß noch die Examensparty,
wo alle auf den T-Shirts unterschrieben,
und die Scherze, wer an welcher Stelle
schreiben soll. Witz und Unschuld waren das,
und eine lange Sommerstraße, Gräser an den Rändern,
Sand, flimmerndes Verlaufen, lag noch vor uns.
Muss doch jeder sehen, wo er bleibt,
und wer steht, dass er nicht fällt.
So wühl ich oder geh die Außen-Wendeltreppe,
die zur Wohnung führt,
trag die Einkaufskisten hoch. Es ist
ein Osterlamm dabei: aus Teig

mit etwas Puderzucker, der Rücken rund.
Ich steh, les auf dem Bon: «Osterlamm, 2,49 Euro» –
und das sind jene Augenblicke,
wo ich neuerdings
gleich aus der Fassung falle, wo es in mir knirscht:
Du armes Lamm, das ich hier balanciere,
wohin hat es Dich verschlagen?
Aprilwind kommt, er fasst
mich kalt und warm und feucht
in meinem Zittern, Zögern –
und das war immer so, Petrarca:
Mehr hat es nie gegeben
als die Verwirrung
auf der Wendeltreppe hoch zum Dach
und diesen traurig-sanften Wind.

Schwarzwald

Hier oben auf dem kahlen Hügelkopf
leg ich mich auf den Rücken, festes Gras
und Sonnendunst, der manchmal Haare fächelt.
Die Kegelberge waren Heiligtümer,
wahrscheinlich energetisch gut geladen,
im Angebot vielleicht auch Ruhestrahlen?

Ich habe eben an der Hütte Heideggers
gelehnt, das Tal lag unten voll mit Tau
und Sonne ließ den großen Topf so schimmern,
als hätte er die Szene hingelegt,
die Dinge ohne den Gewöhnungsstaub
so plötzlich nah wie nach Gewitterregen.

Doch hier am Hang ließ er die Nazis zelten,
er wollte seinen Führer immer lieben,
der Wahnsinn schoss wie Flammen hoch aus Öl –
bis er zusammenfiel und lodernd ausging;
der Abend überwiegend klar und heiter,
auf Photos bringt der Bauernjunge Milch.

Die Freundin, die mich gestern hier besuchte,
hat erst in einer Reihenhaus-WG gelebt,
wo man das nasse Handtuch gerne teilt;
sie ging nach London, plötzlich war sie reich
bis übers Dach. Sie kam mit ihrer Tochter,
die winzigkleine frohe Jüdin trug

ich scherzend hoch zur alten Burg in Staufen.
Dass hier im Tal ein warmer Frieden hängt
und keiner die Verfolgungslisten prüft,
ist Zufall, Wille großer Kegelgötter,
Ergebnis heute mild gestimmter Strahlen,
der Himmel blau mit weiß gesteppter Decke.

Das alles muss ich dir erzählen, Anton,
wir sind uns heftig übern Weg gelaufen,
die Leute lachen, weil wir uns so ähneln,
in irgendeinem Leben Zwillinge,
die jetzt mit angegrautem dünnen Haar
durchs Dasein eilen und dabei schnell reden.

Wenn ich dich seh mit deiner Lederjacke,
da ist so Glanz und Müdigkeit im Auge –
wir füllen immer neue Word-Dateien,
als wären wir die letzten Sinn-Agenten,
und kämpfen gegen depressive Geister
wie junge Hunde, die den Wind anbellen.

Und wenn ich jetzt vom nackten Hügel aufsteh
und in die Senke gehe, die mit Sonne
gefüllt ist, dass man keinen Boden sieht,
nur hinten aus dem Himmelsdunst gezackt
die Alpen ragen, ist der Topf so voll
mit Rätseln, dass er überquellen muss.

In den Alpen

Da geh ich durch das Tal den Bach hinauf,
soll therapeutisch wirken, langer Lauf
mit diesen ewig dünnen Magenwänden,
vorbei an dunklen Höfen, was da steht
von «Gott», von einem fernen «Ziel», es weht
ein Sommerwind, der fächelt an den Händen.

Ich seh die Rippen meiner Tochter, seh
die Brust des toten Vaters, kurzer Dreh
und beide sind zu einem Leib geworden –
und hör auch eine Rede, die mein Sohn
an meinem Grab beginnt, ganz fremder Ton –
wahrscheinlich steht die Sonne gleich im Norden.

Der Weg durch eine Wiese, Arnika
und Glockenblumen, leuchtend, mir so nah
im schwarzen T-Shirt, schwarzer Knitterhose.
Ich sammel Argumente für das Licht,
denn immer wächst mit ihm auch Zuversicht,
und auf dem harten Stein fühl ich die Moose.

Da schweben Paraglider übers Tal
aus Wiese, Fels und Schnee der Riesensaal,
die wissen doch, was ihre Augen wollen –
und wer hat dieses Treiben aufgebracht,
das mir die Hände ballt, auch in der Nacht,
wenn Baggersteine aus den Bergen rollen.

Da liegt man wach, so fragend ausgestreckt,
ist alt geworden, dass die Haut schon fleckt
und immer noch ein Vogel, ein Geselle –
so wie ein Wasserschwall, der heftig zerrt
und kreist und weiterwill, da ist gesperrt,
bis er gehoben wird von einer Welle –

das weiß man nicht und geht den Bach hinauf
durchs lange Tal, die Ferne hört nicht auf,
and something calls for you, so laue Winde.
Erfreulich ist, die Berge halten still,
und hier lehnt einer, der nichts haben will,
an einem alten Baum mit warmer Rinde.

Grashüpfer auf der Windschutzscheibe

Den sah ich, als ich losfuhr,
groß im Laternenlicht
mit diesen Beingeräten,
er hat auch ein Gesicht.
Der Tag und die Termine,
alles schon geschehn,
und nun das grüne Urtier
beim Fahren und beim Stehn.
Die Ampel färbte ihn,
er wirkte etwas matt,
es war auch schon Oktober,
wer so lang ausgehalten hat,
der darf ein wenig zittern
und braucht keinen Applaus
in der letzten Kurve,
jetzt nur noch geradeaus.

Sie sitzt auf der Treppe vorm Haus

Die Bio-Kiste vor der Tür am Mittwoch,
ich koch den Jungs gefüllte Paprika
und hab am Nachmittag noch die Termine –
ist alles gut, nur muss ich immer denken,
wie Leben schmeckte, als es vor uns lag:
die lange Straße mit dem Bus zum Surfen
und die paar Mark für einen guten Joint
in warmer Nacht auf dem Garagendach.
Ich kann es fühlen, wenn das Morgenlicht
in Streifen durch die gelben Blätter dringt,
es sind dieselben, aber ich bin anders,
das Kissen ist am Morgen vollgeheult,
von einem Traum, nun bin ich aufgewacht
mit ärgerlichen Furchen auf dem Bauch,
die Vögel kommen aus dem Norden wieder
in hohen Fäden vor dem weißen Himmel.
Da geht ein Wesen auf dem Bürgersteig,
wo will sie hin mit diesen glatten Beinen,
geht so erwartungsvoll, ist ganz gespannt,
und Tropfen hängen überall an Blättern,
die uns im ersten Sonneneinfall blenden.
Ich habe die Kontrolle so verloren
wie meinen Ohrring mit den Silbersternen,
jetzt sagt das Morgenrot mir gar nichts mehr,
mein dunkles Haar ist elend hell geworden.
Ich les den Kindern Pippi Langstrumpf vor
und denk: Die Spießer aus dem Nachbarhaus,
die Settergrens mit Kuchen, das sind wir.
Ich weiß schon, Leben sieht genauso aus,
«Sie müssen es nicht als Geschenk verpacken»,

ich war doch mitten in den wirren Winden
wie damals in der dunkelgelben Nacht,
als wir im warmen Meer verschwinden konnten
und unter dünner Decke zitternd lagen,
im Hinterland das Sausen vieler Schwalben,
die hohen Laute, sie gehörten uns.
Es kam so, wie ich wollte, nur ganz anders,
jetzt sitz ich hier, ein rotes Haus im Rücken,
und denk an eine Zeit, an meine Zeit,
und es tut weh, und es ist auch so schön
wie feuchte Spinnennetze in den Büschen
an diesem Morgen, wo ich glücklich bin.
Die Jungen rufen lauter aus der Küche
und gackern los mit ihren hellen Stimmen,
sie suchen mich, der Tag fängt an, ich komm.

Im Café, Saarbrücken

Wieder erstaunt, dass ich hierhergekommen bin
an diesen Fluss, der anders als das Meer riecht,
wo meine Kinder einen dunklen Dialekt lernen,
sie sagen: «Das ist mir» –
Capuccino mit Schaum, «der ist mir»
unter einer Wolke am Sommerhimmel,
so groß, wie alles, was ich nicht weiß.
«Wespen stechen, wenn sie Bock haben»,
ein Mädchen am Nachbartisch
hat recht, auf dem Fluss
ein kleiner Segler, heller Holzkahn,
und es ist gut zu gleiten
wie die Kellnerin, Französischstudentin,
zwischen den Stühlen, die mein Notebook streift,
meine Seele, in die ich alles eintrage unter dem Schatten
der großen Wolke,
Gedanken an einem Nachmittag
wie Capuccino rühren, Schaum pusten,
den ich jetzt trinken kann, und die Kellnerin
legt mir einen neuen Keks dazu, einen hellen
mit Zuckerkrümeln, «danke».
«Auf diese Weise sollen wir von unserer Seite
Gesundheit nicht mehr verlangen als Krankheit,
Reichtum nicht mehr als Armut,
Ehre nicht mehr als Schmach,
langes Leben nicht mehr als kurzes,
und folgerichtig so in allen übrigen Dingen»:
Ignatius von Loyola (1491 – 1556), und das kommt gut,
Heilige zu zitieren auf dem Abflug ins große Egal –
habt keine Angst auf dem Fluss, der als dunkelgrüner

Schattenspiegel liegt, denn die weiße Wolke
steht noch da, so unberührt, so gebauscht,
und es tut weh, und es ist schön,
also bestelle ich noch einen Café
mit Whiskey und Sahne, wenn sie den hier haben.

Nimm den langen Weg nach Haus

Wenn du immer an diesen Pfau denken musst, der plötzlich
im strömenden Regen auf der Straße stand, planlos herumwackelte,
dann nimm den langen Weg nach Haus. Wenn in der Nacht
ein dicker Zwerg vor deinem Bett steht, der erstaunlich genau
die treffendsten Vorwürfe gegen dich kennt, dann nimm
den langen Weg nach Haus. Geh durch den Park. Diese Jugendlichen
mit zu langen Armen und Beinen, die auf Bänken sitzen,
in die Ferne starren, schweigen, sind ein Trost.
Sei sentimental. Es ist gut, dass du
die alte Lederjacke noch hast. Denk an den Sommerhof,
wo zärtliche Nachthemden über die Gänge glitten,
am Morgen Spinnenweben silbrig glänzten,
wo euch die Arbeit an einem Kugelschreiber-Comic-Bild
den ganzen Tag gefangen hielt, und nimm
den langen Weg nach Haus.
Hans konnte so wunderbar «As tears go by» pfeifen,
als die Dunkelheit und das Wellenglucksen in der Bucht
euch immer tiefer einhüllten, ihr wart unsichtbar, ihr wart
zu Hause. Und heute bist du schon dankbar,
wenn die Frau im Getränkemarkt lächelt –
deine Kisten mit Pfandflaschen sind vollständig, aber sonst?
Wegen des Pfaus hast du beim Zoo angerufen, sie sagten:
«Locken Sie den Pfau in eine Garage», aber du hast keine Garage,
dreh noch eine Runde
durch den warmen Oktober, durch das Blättergeraschel,
auf das nun weicher Regen fällt.
Der WM-Ball 1986, in einem phantastisch hohen Bogen
aufs Meer geschossen, trieb so schnell ab,
uneinholbar, er nahm den langen Weg nach Haus.
Damals habt ihr in halbdunklen Räumen

eure traurigen Lieder getanzt, baumelnde Glühlampen
und Klebstreifen, die von der Decke hingen, über und über
mit Fliegen besetzt. Seitdem ist alles anders geworden
und alles ist gleich geblieben, noch immer frage ich:
Wo auf diesem mondbeschienenen Planeten
führt der lange Weg nach Haus?

Hamburger Lektionen

Dass man aus der Schule
immer die Seltsamkeiten behält:
«semipermeable Membran» –
manches zieht hindurch,
«diffundiert» heißt das,
anderes staut sich.

Als Kind legt sich auf die Netzhaut,
wandert ins Gehirnkästchen,
wird zum Bild
einer wahren Landschaft:
Sonne, hohe weiße Wolkenschleppen,
die Schatten auf die Erde werfen.

Schwere Container,
an Stahlseilen hinaufgezogen,
queren zügig den Himmel,
gleiten hinab, das Schiff leert sich
unterm Kran, Pendelverkehr
der blauen, roten, grauen
leichten Container.

Kühler Elektropop
durchwehte die Seele.
Als der Kommunismus zusammenbrach,
änderte die Elbe
in den folgenden Jahren
Farbe und Geruch,
mehr Blau, mehr Wasserdunst.

Der Verkäufer hielt mir ein Sakko hin:
«Kann man auch auf eine Jeans tragen»,
kann man auch,
kann man auch,
kann man auch,
Vogelruf der Jugendjahre.

Am Elbstrand sitzen Mütter,
die mit dem Notebook
die Bewegungen ihrer Familie koordinieren,
gelassen, auch wenn eine Bö kommt,

vorne Kindergeburtstag, gemischtes Völkchen,
Achmed dabei, Noah dabei, clash of culture
als Negerkusswerfen,
«Schaumkusswerfen» meine ich.

Nimm ein Linienschiff, trink Becks am hohen Bug,
fahr bis Oevelgönne –
dies ist die Stadt,
wo sich Oevelgönne auf «gewönne» reimt –
oder fahr bis Teufelsbrück:
Das Meer weht hinein,
bringt Salz mit
und Ferne,
hier geht der Wind
durch den Körper
als sei der nichts.

An einem dieser Juniabende,
da immer ein Streifen Himmel hell bleibt,
zog ich mit meinen Freunden,

Blumenhutschmuck, weiß geschminkt,
Trompeten, Flaschen, Gesang,
den Fluss hinab,
rolling thunder revue,
die Jünger des Dionysos,
alle Zeiten nebenan.

Kräuseln des Flusses
im Lichtanprall, Windanprall –
Lächeln des Weltgeistes.

Denn wie sollte man nicht lächeln:
Winzige Schlepper ziehen riesige Tanker,
Pelzmäntel werden auf T-Shirts getragen,
vom Gebäudemanager zum Geistheiler
ein Berufsweg,
von Aurelia zu Horst
ein Liebesweg,
und Hamburg
wird auf dem Wasser weitergebaut.

Diese Städte mit Fluss
weihen dich ein
in Salz, Müdigkeit, Rausch,
geben dir den ersten avantgardistischen Mantel,
schieben Hände in deine,
dazu wird der Mond hinterm Kran gehisst,

aber sie sind auch so kühl,
wer hier groß wird, lernt:
Immer gleiten die Schiffe
automatisch gesteuert

durch die Städte mit Fluss
und das Meer weht hinein,
Böen kämmen die Haare,
himmlisch schweben Container auf.

Inhalt

Dezentriert in Delmenhorst
Am Grund der Diskurse ein Fisch 7
In der Tiefe 8
Haltlos sind wir 10
Solche devotio, solche Bescheidenheit 12
Parzival 13
Am Rande 14
10. Stock 15

Embleme für flüchtige Zeiten
Bert telefoniert mit einer Banane 19
Die Garagen im Hof 20
A7, Kasseler Berge 21
Im Museum der Geschichte 22
Auf dem Brocken 23
Wimbledon 1997 24
Tablette im Wasserglas 25
Ernst Jünger im Garten 26
Gewissheit 27
Flippern 28
Lübeck 1942 29
Warmes Wasser 30

Raucherecke
Raucherecke 33
Dianas Frage 34
Klage 35

Ich war mit Karl am Rhein   36
Orte   37
Der Sinn des Mont Blanc   39
Die Zukunft beginnt   41
Quedlinburg   42
Bierlied mit Benn   44

Die Vierzigjährigen
Alter Freund, alte Freundin   49
Glaspassagen   50
Man trifft sich im Flur   51
Sonntagabend   52
Früher am Meer   53
Freitagabend   54
Morgens durch die Stadt   55
Verjüngung   56
Wintertrost   57
1989ff.   58
Zu Besuch   59
Zweifel im Mai   60

Sommerspiele
Falter   63
Liebesanfang   64
Nach der Liebe   66
Sommerspiele   67
Lass rauschen, Lieb, lass rauschen   68
Ganz von selbst   69
Der alte rote Golf   71
Naxos   72
Durch den Süden   73
Wenn wir uns nicht getroffen hätten   74

Alles am Morgen   75
Pflaumenfall   76

Nimm den langen Weg nach Haus
Nach dem Lesen in Petrarcas Briefen   79
Schwarzwald   82
In den Alpen   84
Grashüpfer auf der Windschutzscheibe   86
Sie sitzt auf der Treppe vorm Haus   87
Im Café, Saarbrücken   89
Nimm den langen Weg nach Haus   91
Hamburger Lektionen   93

Quellennachweise

Wie es weitergeht
S. Fischer Verlag 1992
– Solche devotio (S. 16)
– Am Rande (S. 10)

Zeitlösung
S. Fischer Verlag 1995
– 10. Stock (S. 15)
– Dianas Frage (S. 27)
– Orte (S. 76)
– Der Sinn des Mont Blanc (S. 68)

Bekenntnisse und Postkarten
S. Fischer Verlag 1999
– Bert telefoniert mit einer Banane (S. 23)
– A7, Kasseler Berge (S. 28)
– Im Museum der Geschichte (S. 31)
– Wimbledon 1997 (S. 29)
– Ernst Jünger im Garten (S. 34)
– Lübeck 1942 (S. 35)

Die Teufel in Arezzo
S. Fischer Verlag 2004
– Auf dem Brocken (S. 17)
– Gewissheit (S. 21)
– Flippern (S. 40)
– Warmes Wasser (S. 44)

– Bierlied mit Benn (S. 10)
– Falter (S. 53)

Aus dem Verlagsprogramm

Adolf Muschg
Sax
Roman
459 Seiten. München 2010

Claudia Klischat
Der eine schläft, der andere wacht
Roman
Etwa 144 Seiten. München 2010

Jedediah Berry
Handbuch für Detektive
Roman
Etwa 368 Seiten. München 2010

Janet Frame
Dem neuen Sommer entgegen
Roman
Etwa 288 Seiten. München 2010

Anne Wiazemsky
Mein Berliner Kind
Roman
Etwa 256 Seiten. München 2010

Eduardo Belgrano Rawson
Die Predigt von La Victoria
Roman
Etwa 144 Seiten. München 2010

Gilbert Adair
Buenas Noches, Buenos Aires
Roman
Etwa 208 Seiten. München 2010

Erik Orsenna
Lied für eine geliebte Frau
Roman
Etwa 192 Seiten. München 2010

C. H. Beck Gedichtekalender
Etwa 28 Seiten. München 2010